Inhalt

Krankenhaushygiene - Keimmisere und Hygieneskandale, nur Münchner Gruselgeschichten?

Kernthesen

Beitrag

Fallbeispiele

Zahlen und Fakten

Weiterführende Literatur

Impressum

Krankenhaushygiene - Keimmisere und Hygieneskandale, nur Münchner Gruselgeschichten?

Anja Schneider

Kernthesen

- Hygienemängel in städtischen, staatlichen und privaten Kliniken oder in privaten Arztpraxen sind vor allem deshalb besonders bedenklich, weil sich die Patienten mit Erregern infizieren können, die zu entzündlichen Reaktionen in frischen Operationswunden und im Extremfall sogar zum Tode führen können.
- Aktuell warnen die Gesundheitsbehörden

vor dem aus Indien stammenden Super-Bakterium NDM-1, das sich fast allen gängigen Antibiotika widersetzt.
- In München machen seit einigen Wochen die städtischen Kliniken Bogenhausen, Neuperlach, Schwabing und Harlaching und vor allem die private Residenzklinik für Schönheitsoperationen durch eklatante Hygienemängel negative Schlagzeilen, doch auch in anderen Städten ist das Thema bekannt.

Beitrag

In München mag man es zuweilen durchaus deftig, in den Biergärten und auf der Wiesn geht es oft zünftig zu. Knochenreste von der Schweinshaxe auf dem Teller sind auch absolut in Ordnung - aber am OP-Instrument in der Hand des grün- oder weißgekittelten Operateurs?
Zu den haarsträubenden Geschichten aus den Kliniken gesellen sich nun noch die Schlagzeilen über das neue Super-Bakterium NDM-1, das uns aus Indien erreicht und ein erstes Todesopfer gefordert hat. Die Münchner hätten jedenfalls momentan genügend Stoff, um eine Fortsetzung von Kir Royal zu drehen. Der Boulevard-Reporter Baby Schimmerlos fände bestimmt so manches Opfer aus der Münchner

Schicki-Micki-Szene, mit dem er über das eine oder andere "Klinikschmankerl" plaudern könnte.

Pilotfilm: Krankenhauskeime auf dem Vormarsch

In Krankenhäusern sollen die Patienten gesund werden. In den meisten Fällen gelingt das ja glücklicherweise auch. Doch zuweilen gefährdet gerade ein Klinikaufenthalt die Gesundheit des Patienten. Das kann an Infektionserregern liegen, die sich der Patient im Krankenhaus einfängt und die sich teilweise mit den heutigen Antibiotika nicht bekämpfen lassen. [Abb. 1]
Am meisten verbreitet sind die Staphylokokken und Enterokokken. So ist beispielsweise VRE eine Enterokokkenart, die gegen das Antibiotikum Vancomycin resistent ist. Immer häufiger sind so genannte multiresistente Keime an Entzündungen schuld. Ein Beispiel ist der multiresistente Staphylococcus aureus, kurz MRSA, ein Bakterium, das sich bei gesunden Menschen auf der Haut und Nasenschleimhaut befindet und an sich harmlos ist. Gefährlich wird es dann, wenn es während einer OP oder über einen Katheter in den Körper eindringt. Gewarnt wird auch vor Hanta-Virus-Infektionen, deren Zahl sich in Deutschland in einem Jahr verdreißigfacht hat. Das Hanta-Virus wird von

Nagetieren übertragen. Aus deren Kot können die Keime per Kontaktinfektion oder Inhalation auf den Menschen übergehen und eine schwere Grippe auslösen, die im Extremfall sogar tödlich sein kann. Als gefährlich wird auch das West-Nil-Virus eingestuft, das von Stechmücken übertragen wird und vor dem sich Urlauber bereits im Norden Griechenlands schützen müssen.
Ganz aktuell warnen die Infektionsexperten des Robert-Koch-Instituts aber in Deutschland vor einem aus Indien stammenden Super-Bakterium. Dabei handelt es sich dem Fachblatt "Lancet Infectious Diseases" zufolge um Enterobakterien, die ein Gen für ein besonderes Enzym besitzen, das nach Indiens Hauptstadt als New-Delhi-Metallo-Betalactamase (NDM-1) genannt wird. Dieses Enzym hat bislang nahezu alle Therapieversuche mittels herkömmlicher Antibiotika scheitern lassen. Wirksam seien noch Therapeutika wie die Antibiotika Tigezyklin und Colistin, die allerdings kaum noch eingesetzt werden. Das Bakterium hat jetzt ein erstes Todesopfer gefordert. Ein Mann starb in Belgien. Er hatte vor einigen Wochen seine Heimat Pakistan besucht, sich bei einem Autounfall eine Beinverletzung zugezogen, die in einem Krankenhaus vor Ort behandelt worden war; in Brüssel ist er dann an den Folgen dieser Behandlung trotz starker Antibiotika gestorben.
Das Robert-Koch-Institut hält Panikmache vor dem Super-Bakterium für übertrieben, weist aber doch

sehr eindringlich darauf hin, wie wichtig eine absolut zuverlässige Klinikhygiene ist. Die Gesundheitsexperten warnen zudem davor, sich im Ausland günstigen Schönheitsoperationen zu unterziehen. Die seien beispielsweise in Indien, Pakistan oder Thailand zwar deutlich billiger als hier, doch in nicht wenigen Fällen seien gefährliche Infektionen und Komplikationen die Folge. Ursache seien unzureichendes Operationsmaterial und schlechte Hygiene in den Operationsstätten. (1)

Folge 1: Private Schönheitsklinik pfuschte bei der Hygiene

Schönheitsbewusste Damen und Herren, die Dienste der privaten Residenzklinik am Münchner Odeonsplatz in Anspruch nehmen wollten, um sich vor dem Wiesn-Auftakt noch ein wenig aufzupolieren, werden ihr Vorhaben zumindest überdenken, wenn sie die Presse der vergangenen Wochen verfolgt haben.
Bei einer Kontrolle durch das Gesundheitsamt waren Mängel bei der Sterilgutaufbereitung, den internen medizinischen Abläufen und der Patientendokumentation festgestellt worden. Geräte waren nicht funktionsfähig oder nicht validiert, Personal nicht genügend qualifiziert, Pflegemittel ungeeignet, Routinekontrollen fehlten. Unterdessen

haben sich auch Patienten zu Wort gemeldet, bei deren Eingriffen handwerklich gepfuscht wurde. (2) Dabei scheint die Klinik eine höchst geringe Lernfähigkeit zu besitzen - oder besonders unverfroren zu sein. Denn bereits 2005 war sie nach Patientenbeschwerden vom Gesundheitsamt überprüft worden. Damals konnte noch alles irgendwie geheim gehalten werden. Beim jetzigen Skandal schlagen allerdings die Wogen hoch. Die Staatsanwaltschaft München I ermittelt. Es geht um Verstöße gegen das Medizinprodukte- und Infektionsschutzgesetz und den Verdacht auf Körperverletzung.
Inzwischen darf in der Residenzklinik zwar unter Auflagen wieder operiert werden. So muss bei Operationen Einmal-Besteck verwendet werden, dessen Herkunft vom Gesundheitsamt überprüft wird. Operationen mit Vollnarkose sind verboten, die Aufbereitung von Wäsche und Sterilgut ebenso. Die angeordnete Grundreinigung samt Desinfektion des gesamten OP-Trakts dürfte wohl erfolgt sein. Der plastische Chirurg und medizinische Leiter und Hygieneverantwortliche (eine Person!) wurde gefeuert. (3)

Folge 2: Städtische Kliniken Bogenhausen und Neuperlach

versagen bei der Sterilgutaufbereitung

Die städtischen Kliniken Bogenhausen und Neuperlach, Schwabing und Harlaching sind ebenfalls seit Wochen in der Schusslinie der Münchner Gesundheitswächter.
In Bogenhausen und Neuperlach gibt es erhebliche Probleme mit der Sterilgutaufbereitung seitdem diese im Juli 2009 von Neuperlach nach Bogenhausen verlagert wurde. Die Reinigung der OP-Bestecke für das Krankenhaus Neuperlach dauerte bis zu 24 Stunden, also viel zu lange. Insgesamt galt das OP-Besteck als zu alt (in Neuperlach stamme das OP-Besteck "teilweise" aus dem Olympia-Jahr 1972!). Oft zum Einsatz kommende OP-Instrumente waren nicht in genügend großer Anzahl vorhanden. Die operierenden Ärzte haben immer wieder auf verschmutztes OP-Besteck hingewiesen, doch verbessert hat sich nichts. Seit dem Umzug der Sterilgutaufbereitung war die Personalsituation dort problematisch. Die krankheitsbedingte Ausfallquote lag zwischen 20 und 34 Prozent, neun Mitarbeiter kamen neu hinzu, darunter zwei Leiharbeiter und fünf Quereinsteiger, vier erfahrene Kräfte haben gekündigt.
Erhebliche organisatorische Mängel gestand die Medizet, der klinikeigene Betrieb, der unter anderem

die zentrale Sterilgutversorgung (ZVSA) betreibt, bereits Mitte Juni. Drei Wochen später schloss das städtische Gesundheitsreferat die Zentralsterilisation, es konnte nur noch eingeschränkt operiert werden; der Medizet-Chef und sein Abteilungsleiter für die ZSVA wurden am 9. Juli vom Aufsichtsrat suspendiert. Momentan werden die OP-Bestecke der Krankenhäuser Bogenhausen und Neuperlach extern gereinigt. Der Operationsbetrieb ist eingeschränkt. Inzwischen konnte man lesen, dass das städtische Klinikum drei Millionen Euro in neues Operationsbesteck investiert. (5), (8)

Folge 3: Unhygienische Verhältnisse auf der Kinderkrebsstation im Schwabinger Krankenhaus

Auch in den Sterilgutabteilungen von Schwabing und Harlaching hapert es zuweilen. So sollen erst kürzlich vor einer Operation in Schwabing verschmutzte Instrumente aufgetaucht und glücklicherweise rechtzeitig entdeckt worden. Insgesamt haben die Kontrollen durch das Gesundheitsreferat in diesen Häusern allerdings nur Schwachstellen, aber keine gravierenden Mängel beanstandet. Defizite sind bei der EDV-Ausstattung und bei der allgemeinen

Dokumentation festgestellt worden, zudem muss eine Personalschleuse nachgerüstet werden. Auch in den Sterilgutabteilungen von Schwabing und Harlaching hapert es zuweilen. So sollen erst kürzlich vor einer Operation in Schwabing verschmutzte Instrumente aufgetaucht und glücklicherweise rechtzeitig entdeckt worden. Insgesamt haben die Kontrollen durch das Gesundheitsreferat in diesen Häusern allerdings nur Schwachstellen, aber keine gravierenden Mängel beanstandet. Defizite sind bei der EDV-Ausstattung und bei der allgemeinen Dokumentation festgestellt worden, zudem muss eine Personalschleuse nachgerüstet werden. (4) Kräftige Vorwürfe wurden gegen die kinderonkologische Station im Schwabinger Krankenhaus laut. Dort werden die kleinen Krebspatienten betreut, deren Immunsystem oft ganz besonders anfällig ist. Diese Kinder sind sehr darauf angewiesen, dass um sie herum sauber gearbeitet wird. Beanstandet wurden beispielsweise offen stehende Türen, die die Erreger hereinlassen, undichte Fenster, verschmutzte Lüftungsauslässe und Heizkörper, dreckige Stoffvorhänge, schimmelige Duschvorhänge, Blumentopferde mit Schimmelsporen und Verstöße gegen die Vorschriften zu Arbeitskleidung bei den Mitarbeitern. (5)

Folge 4: Rostige Altlasten auf der

Wiesn-Sanitätsstation

Und kurz vor der diesjährigen Oktoberfesteröffnung ereilt die Münchner eine weitere Hiobsbotschaft. Das Gesundheitsamt hat bei einer Kontrolle in der Sanitätsstation des Bayerischen Roten Kreuzes (BRK) auf der Theresienwiese erhebliche Mängel festgestellt. Unter anderem wurde eine rostige Schere entdeckt, angebrochene Medikamente vom vergangenen Jahr lagen herum, und die Sterilisierung entsprach nicht den Vorgaben. Schon im vergangenen Jahr war die Sanitätsstation ins schlechte Licht geraten, weil herausgekommen war, dass 2004 bei mehreren hundert alkoholisierten Wiesnbesuchern unzulässige Blutentnahmen gemacht worden waren. Dieses Jahr wollte das BRK proaktiv an die Sache herangehen und bat um einen Kontrollgang durch das Gesundheitsamt. Doch dieser Schuss wäre beinahe nach hinten losgegangen. Bei der Kontrolle im Juli war nämlich noch keineswegs alles so wie es die Gesundheitshüter erwarteten. (6)

Abspann: Ursachenforschung

Die Ursachen der Keimmisere und der Hygieneprobleme in den Münchner Kliniken haben zahlreiche Ursachen.

Globalisierung: In der heutigen globalisierten Welt sind nicht nur Daten und Menschen schnell unterwegs, sondern eben auch Krankheitserreger. Ob diese dann Aids, Vogelgrippe, Schweinegrippe, SARS oder jetzt NDM-1 heißen spielt keine Rolle - immer ist das Risiko einer raschen Ausbreitung über die Kontinente hinweg gegeben.

Medizintourismus: Britische Forscher erwarten, dass sich der Erreger NDM-1 ausbreiten wird, weil immer mehr Europäer und Amerikaner zu Schönheitsoperationen nach Asien reisen, wo diese billiger sind.

Antibiotika: Eine großzügige Antibiotikavergabe durch die Ärzte (und deren Einnahme durch die Patienten!) verschärft das Problem, dass die Erreger zunehmend resistent werden gegen die modernen Antibiotika.

Übertriebene Kostensenkung: Vor fünf Jahren wurden fünf Krankenhäuser der Landeshauptstadt München in einer GmbH fusioniert, Bogenhausen, Neuperlach, Harlaching, Schwabing und die dermatologische Klinik in der Thalkirchener Straße. Das Defizit der Kliniken belief sich 2004 auf 16,5 Millionen Euro. Ziel des Managements war es, dieses abzubauen und die Häuser in diesem Jahr zu einer schwarzen Null zu bringen. Im Zuge dessen wurden die Apotheken der

Kliniken, ihre Pathologien, die Labore, Hygieneabteilungen und die Sterilgutversorgung zum Medizet zusammengefasst. Die Zentralisierung sollte bessere Abläufe und günstige Einkaufskonditionen bringen. Auch Personaleinsparungen waren die Folge - und das Verhängnis. Denn mit den Sparmaßnahmen wurde offensichtlich übertrieben - auf Risiko der Patientengesundheit.

Fragwürdiges Management: Die Stadt München muss sich auch den Vorwurf gefallen lassen, die Geschäftsführer der Kliniken nicht nach Fähigkeit, sondern nach Parteibuch ausgesucht zu haben. Die vier Geschäftsführer hatten keine ärztlichen Approbationsurkunden, aber in ihrer Mehrzahl Parteibücher der SPD und der Grünen, die zusammen die Stadt regieren. Außerdem wurde kritisiert, dass bei den Münchner Kliniken der Hygiene-Chefarzt dem Leiter des Medizet unterstellt ist und nicht direkt der Geschäftsführung.

Einfache Hygieneregeln missachtet: Schon eine ganz einfache Regel würde helfen, die Verbreitung von Keimen zu verringern - häufiges gründliches Händewaschen. Was zu Hause gilt, sollte doch für Ärzte, Schwestern und Pfleger und Patienten und Besucher im professionellen Klinikbetrieb selbstverständlich sein. Krankenhaus-Arbeitskleidung darf nicht einfach zu Hause in der Waschmaschine gewaschen werden, sondern muss desinfiziert werden. Putzdienste sind nicht gut genug über die speziellen Arbeitsanforderungen in einem Krankenhaus informiert.

Personalprobleme: In vielen Krankenhäusern fehlt es heute an gut ausgebildeten Hygienefachkräften, es gibt viele Wechsel im Pflegepersonal, und sowieso ist das Personal knapp und arbeitet unter hohem Zeitdruck. Medizinische Geräte werden nicht immer wie vorgeschrieben gewartet.

Zweifelhafte Geschäftsmodelle: Die Residenzklinik arbeite mit dem umstrittenen Deutsche Ärzte Service (DÄS) zusammen. Der DÄS ist eine Vermittlungsagentur, die aus dem verbreiteten Wunsch nach Schönheit ihr Kapital schlägt und Schönheitsoperationen zu Dumpingpreisen anbietet. Während die meisten Ärzte für eine Brust-OP mindestens 5 000 Euro verlangen, bot der Deutsche Ärzte Service (DÄS) das Ganze für 2 999 Euro an. Die Ärztekammer verbietet es deutschen Ärzten zwar, Provisionen an Vermittler zu bezahlen, doch da lassen sich offenbar alternative kreative Geschäftsmodelle finden. So bezahlen die Patienten für ein Pauschalpaket an den DÄS - und der rechnet mit den Ärzten ab. Der Patient freut sich über ein Schnäppchen, weiß nicht, welches Gesundheitsrisiko er damit eingeht, und die Klinik profitiert von steigenden Patientenzahlen. (2)

Versagendes Qualitätsmanagement: Es gab wohl viele interne Beschwerden seitens der Neuperlacher Ärzte über die Hygienemängel bei der Sterilgutversorgung. Sie wurden an die zentrale Abteilung Competence Center Qualitätsmanagement gerichtet, von dort an das Medizet weitergeleitet, dann aber geschah nichts. Auch der Aufsichtsrat der Kliniken wurde nicht involviert. (7)

Zu wenig Kontrollen: Das Gesundheitsamt hat zwar die jetzt angeprangerten Missstände aufgedeckt. Es steht jedoch teilweise auch selbst am Pranger. Die Kritik lautet, dass die Kontrollen zu selten und zu lax durchgeführt wurden.

Doch all die genannten Gründe, führen sicherlich nicht nur bei den Kliniken in München zu Hygieneproblemen.

Fallbeispiele

Probleme mit der Hygiene gibt es auch in anderen Orten in städtischen, staatlichen, privaten Kliniken und auch in privaten Arztpraxen.
So wurden in **Hamburger** Krankenhäusern und Arztpraxen im vergangenen Jahr 181 Mängel bei der

Hygiene festgestellt. Das geht aus einer 2009 abgeschlossenen stichprobenartigen Kontrolle durch die Gesundheitsbehörde hervor. Drei Viertel der Verstöße bezogen sich auf mangelhafte Dokumentation, beispielsweise das Fehlen von aktuellen TÜV-Bescheinigungen für Sterilisationsgeräte oder fehlende Arbeitsanweisungen für die Maschinen. In vier Fällen ging es um Mängel durch ein nicht geeignetes Arbeitsverfahren, beispielsweise durch den Einsatz eines veralteten Sterilisationsgerätes. (8)

Eine Umfrage unter den privaten und öffentlichen ambulanten Pflegediensten im Rhein-Kreis **Neuss** hat ergeben, dass bei der Hygiene und der Kommunikation zwischen Kliniken und Pflegediensten nicht alles so ist wie es sein sollte. (9)

Im **Saarland** wurden 231 Praxen und Kliniken kontrolliert. Dabei wurden 108 Mängel festgestellt.

Zahlen & Fakten

Abbildung 1: Hohe Infektionszahlen und geringes Kontrollpersonal

Zwischen 1 500 und 40 000 Todesfälle sind in Deutschland jährlich durch Entzündungen verursacht,

die sich die Patienten im Krankenhaus durch Bakterien zuziehen.
Häufig sterben Patienten zum Beispiel in Folge der Infektion an einer Blutvergiftung,
die dann als Todesursache geführt wird.
Besonders gefährdet sind alte Menschen sowie Patienten, die schwere Vorerkrankungen haben
oder deren Immunsystem geschwächt ist.
Die rund 8 000 medizinischen Einrichtungen in München, darunter 5 000 Arztpraxen und 70 Kliniken,
werden von acht Ärzten, davon drei mit Teilzeitjob, kontrolliert.
Die Prüfer werden tätig, wenn Beschwerden eingehen.
Vor einer Kontrolle aus diesem Grund melden sie sich bei der Einrichtung an.

Quelle: Schaible, Jonas. KEIME / Wenn das Krankenhaus krank macht / Jährlich infizieren sich Hunderttausende. Entnommen aus: Mitteldeutsche Zeitung, 17.08.2010

Weiterführende Literatur

(1) "Superkeim ist kein Grund zur Panik" aus Frankfurter Rundschau vom 17.08.2010, Seite 22

(2) Der Albtraum von der Schönheit

aus Süddeutsche Zeitung, 14.08.2010, Ausgabe Bayern Region, München City, München West, München Süd, München Nord, Wolfratshausen, Starnberg, Freising, Fürstenfeldbruck, Erding, Ebersberg, Dachau, S. 51

(3) Schönheitsklinik löst medizinischen Leiter ab
aus Süddeutsche Zeitung, 06.08.2010, Ausgabe München City, S. R1

(4) Mängel im Schwabinger Krankenhaus
aus Süddeutsche Zeitung, 28.07.2010, Ausgabe München Süd, München Nord, München City, S. R1

(5) Missstände auch in Schwabing
aus Süddeutsche Zeitung, 16.07.2010, Ausgabe Bayern Region, S. 38

(6) Grobe Schlamperei bei Wiesn-Sanitätsdienst
aus Süddeutsche Zeitung, 26.07.2010, Ausgabe Wolfratshausen, Starnberg, Freising, Fürstenfeldbruck, Erding, Ebersberg, Dachau, München City, München West, München Süd, München Nord, Bayern Region, S. R7

(7) Strukturen im Zwielicht
aus Süddeutsche Zeitung, 16.07.2010, Ausgabe Bayern Region, S. 38

(8) Weniger Dreck KLINIKKEIME Die Hygiene in Arztpraxen und Kliniken hat sich verbessert, sagt die Gesundheitsbehörde

aus taz Nord, 07.08.2010, S. 40

(9) Hygienemängel in der Pflege
aus Rheinische Post Nr. vom 05.08.2010

Impressum

Krankenhaushygiene - Keimmisere und Hygieneskandale, nur Münchner Gruselgeschichten?

Bibliografische Information der deutschen Nationalbibliothek

Die Deutsche Nationalbibliothek verzeichnet diese Publikation in der deutschen Nationalbibliografie; detaillierte bibliografische Daten sind im Internet über http://dnb.d-nb.de abrufbar.

ISBN: 978-3-7379-2760-4

© 2015 GBI-Genios Deutsche Wirtschaftsdatenbank GmbH, Freischützstraße 96, 81927 München, www.genios.de

Alle Rechte vorbehalten. Dieses Werk ist einschließlich aller seiner Teile – z.B. Texte, Tabellen und Grafiken - urheberrechtlich geschützt. Jede Verwertung außerhalb der Grenzen des Urheberrechtsgesetzes bedarf der vorherigen Zustimmung des Verlags. Dies gilt insbesondere auch für auszugsweise Nachdrucke, fotomechanische

Vervielfältigungen (Fotokopie/Mikroskopie), Übersetzungen, Auswertungen durch Datenbanken oder ähnliche Einrichtungen und die Einspeicherung und Verarbeitung in elektronischen Systemen.